Inhalt

Getränkeherstellung - relative Stabilität hält Einzug

AF672539

GENIOS BranchenWissen Nr. 07 vom 13.07.2012

Getränkeherstellung - relative Stabilität hält Einzug

Markus Hofstetter

Kernthesen

- 2011 lassen steigende Rohstoffpreise und der Ausbau des Promotiongeschäfts den AfG-Umsatz in Deutschland wachsen.
- Die deutschen Brauereien setzten 2011 nur im Ausland mehr Bier ab, der Inlandsabsatz dagegen sank auf einen historischen Tiefstand.
- Im deutschen Weinmarkt ist 2011 der Absatz gesunken, der Umsatz aber erhöhte sich deutlich.
- Die deutschen Spirituosenexporte wuchsen 2011 stärker als die Spirituosenimporte.

Beitrag

Alkoholfrei Getränke (AfG): Energy Drinks sind die Wachstumsriesen

Die Umsätze im AfG-Gesamtmarkt kletterten von 2010 auf 2011 um 5,5 Prozent auf rund 11,15 Milliarden Euro. Gründe sind steigende Rohstoffpreise, die zu einer dynamischen Umsatzentwicklung bei fruchthaltigen Getränken führten, und ein starkes Promotiongeschäft. Das Promotiongeschäft erhöhte sich um 8,5 Prozent und erreichte einen Anteil von knapp 16 Prozent am AfG-Umsatz.

Der Wassermarkt konnte beim Umsatzwachstum mit 1,6 Prozent mit dem AfG-Gesamtmarkt nicht mithalten. Colagetränke als zweitgrößtes AfG-Segment haben ihre positive Entwicklung auch im Jahr 2011 fortgesetzt. Sie verbuchten wieder ein dickes Umsatzplus von 7,8 Prozent. Punkten konnten darüber hinaus die aromatisierten Wässer mit einem Umsatzplus von 4,4 Prozent. Bei Limonaden, Fruchtsaftgetränken mit Kohlensäure, Schorlen und Eistee gab es nur preisgetriebene Umsatzzuwächse.

Die Absatzentwicklung dagegen war überwiegend rückläufig. Absatzbezogen sind Energy Drinks mit einem Volumen von 208 Millionen Litern zwar noch ein Nischenprodukt im AfG-Markt. Sie haben einen Marktanteil von 0,9 Prozent. Wertmäßig aber haben sie dieses Nischendasein bereits hinter sich gelassen, der Umsatzanteil beläuft sich auf 5,2 Prozent. Mit einem Umsatzwachstum von 38,7 Prozent sind Energy Drinks auch das wachstumsstärkste Segment. Beflügelt wird die rasante Entwicklung durch ein stetig größer werdendes Angebot an Marken sowie wachsende Sortenvielfalt und Gebindegrößen. Neben der wachsenden Angebotsvielfalt unterstützen auch die zweistellig gestiegenen Ausgaben für Werbung die positive Segmententwicklung. (1), (2), (3), [Abb. 1]

Bier: nur das Exportgeschäft wächst

Die rund 1 300 deutschen Brauer brauten 2011 unverändert rund 98,2 Millionen Hektoliter alkoholhaltiges Bier und alkoholhaltige Mischgetränke. In der Zahl enthalten ist der rückläufige Haustrunk an Brauereimitarbeiter. Wenn der Absatz bei den Biermischgetränken mit Limonade, Cola, Fruchtsaft und anderen alkoholfreien Zusätzen nicht geschrumpft wäre, hätte die Branche sogar ein leichtes Plus einfahren können.

Im Inland wurden insgesamt 82,7 Millionen Hektoliter abgesetzt, das ist so wenig wie noch nie seit der deutschen Wiedervereinigung. Der Rückgang betrug 0,8 Prozent gegenüber dem Vorjahr. Dementsprechend sank 2011 sank der deutsche Pro-Kopf-Verbrauch auf den historischen Tiefstand von 101,4 Litern. Das Auslandsgeschäft dagegen wächst. Der Export erhöhte sich um vier Prozent auf 15,5 Millionen Hektoliter. Große Herausforderungen für die Branche sind 2012 der anhaltende Preiswettkampf des Handels und die steigenden Kosten für Rohstoffe, Personal, Energie und Logistik sowie überfällige Investitionen. Als Folge werden einige Brauereien ihre Preise erhöhen müssen.

Wer sind die deutschen Brauereien mit dem höchsten Inlandsabsatz? Auf Rang eins liegt Radeberger mit einem Inlandsabsatz von 11,6 Millionen Hektoliter. Mit Abstand folgt AB-InBev mit einem Absatz von 7,9 Millionen Hektoliter. Es folgen Bitburger mit rund sieben Millionen Hektoliter, Oettinger mit rund 6,8 Millionen Hektoliter und Krombacher mit rund 5,5 Millionen Hektoliter. Aufgrund des Verkaufs der Feldschlösschen Brauerei in Dresden ist Carlsberg Deutschland von Rang acht auf Platz zehn abgerutscht und repräsentiert nur noch 2,5 Millionen Hektoliter. Die TCB-Gruppe um das Frankfurter Brauhaus schob sich mit der Übernahme von Feldschlösschen auf Platz acht mit 2,9 Millionen

Hektoliter. (4), (5), [Abb. 2]

Wein: Trend geht hin zu höherwertigeren Weinen

Das Weingeschäft hat sich 2011 im Umsatz mit plus vier Prozent auf rund 2,6 Milliarden Euro positiv entwickelt. Da der Absatz um minus 1,5 Prozent auf 1,2 Milliarden Flaschen rückläufig war, zeigt sich ein Trend zu höherwertigeren Weinen. Deutscher Wein verlor absatzmäßig wegen der mengenschwachen Ernte um 8,4 Prozent, beim Umsatz kam dennoch ein Plus von 1,3 Prozent zustande. Im Schnitt legten deutsche Weine im Preis um elf Prozent zu. 2011 stieg der Durchschnittspreis der exportierten Weine aus den deutschen Anbaugebieten im Vergleich zum Vorjahr durchschnittlich um 11,8 Prozent auf 2,27 Euro. Demgegenüber gingen die Weinexporte 2011 mengenmäßig um 11,8 Prozent auf 1,5 Millionen Hektoliter zurück, was auf die unterdurchschnittliche Erntemenge zurückgeführt wird. Dank des gestiegenen Durchschnittspreises sank der Wert der ausgeführten Weine allerdings nur leicht um 1,7 Prozent auf 349 Millionen Euro. Besonders positiv entwickelten sich im vergangenen Jahr die Exporte nach China und Norwegen. Die Skandinavier belegten erstmals den vierten Platz in der deutschen Weinexportstatistik. Der Ausfuhrwert stieg 2011 gegenüber dem Vorjahr erneut um 10,6 Prozent auf 22 Millionen Euro. China rückte 2011 mit einem Wertzuwachs von 19 Prozent auf Platz acht im Exportmarktranking vor und hat damit Japan als bislang größten asiatischen Exportmarkt für deutsche Weine abgelöst. (6), (7), [Abb. 3]

Spirituosen: Absatz und Umsatz sinken

Der Absatz von Spirituosen im deutschen Lebensmitteleinzelhandel einschließlich des Drogeriemarktbereichs sank von 2010 auf 2011 um 2,8 Prozent auf 535 Millionen Flaschen. Der Wert reduzierte sich in diesen Absatzkanälen unterproportional um 0,8 Prozent auf rund 3,8 Milliarden Euro. Knapp achtzig Prozent des Spirituosen-Gesamtangebotes in Höhe von 695 Millionen Flaschen werden im Lebensmitteleinzelhandel und Drogeriemarktbereich abgesetzt. Der Pro-Kopf-Konsum 2011 war mit geschätzten 5,4 Litern im Vorjahresvergleich konstant. Das Volumen der Spirituosenimporte erhöhte sich um vier Prozent beziehungsweise um 17 Millionen Flaschen auf 446 Millionen Flaschen. Die Spirituosenexporte beliefen sich 2011 auf rund 256 Millionen Flaschen. Dies entspricht einem Plus um 16 Millionen Flaschen beziehungsweise von 6,7 Prozent.

Zu den wichtigsten Exportländern zählen die USA, Großbritannien und die Niederlande. Die größten Marktanteile mit 39 Prozent verbuchten 2011 mengenmäßig weiterhin "Klare Spirituosen". Es folgen "Liköre" mit rund 27,5 Prozent sowie "Weinbrände und Cognac" mit 13 Prozent. (8), (9)

Trends

Stevia: schwerer Stand in der deutschen Getränkeindustrie

In Europa ist Stevia seit dem 1. November 2011 als Süßungsmittel zugelassen. Dabei handelt es sich um Stevioglykosid, das aus der Stevia-Pflanze gewonnenen wird. Vorteile von Stevia sind das Süßen von Produkten ohne Kalorien, kein Karies und niedrigere Einkaufspreise als bei Zucker. Die Branche experimentiert bereits mit dem Stoff. So verwendet Coca-Cola Stevia weltweit bereits in mehr als 30 Produkten. Beispiele sind das in der Schweiz erhältliche Nestea green tea citrus und das seit März 2010 in Frankreich vertriebene Fanta Still. Andere Hersteller halten sich mit neuen, mit Stevia gesüßten Produkten noch zurück. In Deutschland hat Stevia einen schweren Stand. Zum einen schneidet Stevia beim Geschmack im Vergleich zu zuckergesüßten Produkten schlechter ab. Die erst spät einsetzende und länger anhaltende Süße empfinden Erwachsenen oft als zu intensiv. Auch setzt der Gesetzgeber enge Grenzen beim Verzehr. So darf ein 30 Kilogramm schweres Kind nicht mehr als 0,33 Liter eines ausschließlich mit Stevia gesüßten Getränks pro Tag trinken. Zudem muss Stevia bei den Zutaten als Süßungsmittel E 960 oder Süßungsmittel Steviolglycoside deklariert werden, da es in einem chemisch-technischen Verfahren hergestellt wird. Damit wird der Mehrwert Natürlichkeit zum Teil wieder zunichte gemacht. Somit bleibt abzuwarten, ob sich Stevia als alternatives Süßungsmittel in Getränken etablieren kann. (10)

Fallbeispiele

Berentzen - wird internationaler

Seit dem mehrheitlichen Einstieg von Investor Aurelius 2008 wird die Berentzen-Gruppe zunehmend internationaler. Der Auslandsanteil soll auf rund die Hälfte des Gesamtumsatzes wachsen. Das bedeutet mehr als eine Verdoppelung des aktuellen Umsatzanteils des internationalen Geschäfts. 2010 wurde ein Gesamtumsatz von 158,9 Millionen Euro erzielt. Im Ausland ist Berentzen schon seit sehr vielen Jahren mit Exporten aktiv, so in den Niederlanden, Tschechien und der Slowakei. Neue Ziele sind China, USA, Indien, Russland und die Türkei. Als Exportprodukt geht es im Wesentlichen um Rum, Whiskey, fruchtige Spirituosen und Wodka. Im Wodka-Segment besitzt das Unternehmen die Marken Puschkin und Rasputin. Darüber hinaus setzt Berentzen auf den Bourbon-Whiskey John Medleys und die Rum-Marke Turoa. (11)

Überkingen-Teinach - Afri-Cola und Bluna werden Kernmarken

Die Mineralbrunnen Überkingen-Teinach AG führt die Lizenzmarken Afri-Cola und Bluna künftig als Kernmarken. Wenn die Lizenzrechte 2018/19 auslaufen, will das Unternehmen die Übernahmeoption wahrnehmen. Die Lizenzrechte liegen derzeit noch in Händen von Alexander Flach. Bis dahin will Überkingen-Teinach Geld in den Distributionsaufbau vor allem in der Gastronomie und in Fachmärkten investieren. So wurde zum Beispiel der Vertrieb von Afri-Cola in Einweg-Sixpacks mit der Rewe vereinbart. (12)

Zahlen & Fakten

Abbildung 1: Energy Drinks mit stärkstem Wachstum bei AfG

in Millionen Euro	**Umsatz 2010***	**Umsatz 2011***	**Veränderung in Prozent**
Wasser	3 233,0	3 283,5	1,6
Colagetränke	1 941,5	2 092,4	7,8
Fruchtsäfte	1 396,8	1 481,5	6,1
Limonade + FSG** mit CO2	942,5	1 002,6	6,4
Schorle/Mineralwasser Plus	582,3	650,8	11,8
Wasser aromatisiert	506,2	528,7	4,4
Fruchtnektare	490,2	490,8	0,1
Eistee	391,8	408,7	4,3
Energy Drinks	287,7	398,9	38,7
FSG** ohne CO2	373,9	358,9	-4
Flüssige Sportgetränke	134,9	150,4	11,5
Eiskaffee	113,5	124,8	9,9
Bittergetränke	95,1	104,2	9,6
Restliche	95,1	69,2	-4,9
AfG total	**10 562,3**	**11 145,5**	**5,5**

* im Lebensmitteleinzelhandel, Drogeriemärkten und Getränkeabholmärkten ** Fruchtsaftgetränke Quelle: Nielsen Entnommen aus: Lebensmittel Zeitung, 19/2012, S. 36, (1)

Abbildung 2: Top 10 beim Bierabsatz 2011

Rang	**Unternehmen**	**Bierabsatz* 2011**	**Export 2011**	**Inland 2011**	**Veränd. Inland in Prozent**
in Mio. Hektoliter					
1	AB-InBev Deutschland	12 800**	4 900**	7 900*	11,3
2	Radeberger Gruppe KG	12 200**	565	11 635**	0,4
3	Oettinger Brauerei	9 480**	2 260**	6 820**	4,6
4	Bitburger Braugruppe	7 500	450	7 050	0,7
5	Krombacher Brauerei	5 608	149	5 459	-0,2
6	Brau Holding International	5 300	900	4 400	-1,1
7	Warsteiner Gruppe	4 600**	600**	4 000**	0
8	TCB/Frankfurter	3 300	100	2 900	28,9

	Brauhaus				
9	Carlsberg Deutschland	3 020	520	2 500	-21,3
10	C. & A Veltins GmbH & Co	2 690	153	2 547	5,2

* selbst hergestelltes Bier ** geschätzt Quelle: Getränkeinfo Kelch/Hohmann Entnommen aus: Lebensmittel Zeitung, 10/2012, S. 18, (5)

Abbildung 3: Deutsche Weinexporte 2011

Wichtigste Exportländer	**Wert in Mio. Euro**	**Menge in Hektoliter**	**Veränderung in Prozent**	
Wert	**Menge**			
USA	103	297 000	-0,4	-6,4
Großbritannien	38	223 000	-14,1	-20,5
Niederlande	34	211 000	1,6	-11,5
Norwegen	22	61 000	10,6	6,1
Russland	22	211 000	-0,5	-3,6
Kanada	16	50 000	1,7	-4,1
Schweden	15	94 000	-8,6	-24,9
China	13	40 000	19	15,1
Japan	13	32 000	-1,4	-0,3
Belgien	7	37 000	-9,5	-19,2

Quelle: DWI Entnommen aus: Lebensmittel Zeitung, 10/2012, S. 24, (7)

Weiterführende Literatur

(1) Kräftiges Umsatzplus im AfG-Markt
aus Lebensmittel Zeitung 14 vom 05.04.2012 Seite 040

(2) Still und leicht wächst der Wassermarkt
aus Lebensmittel Zeitung 22 vom 01.06.2012 Seite 038

(3) Rasante Entwicklung
aus Lebensmittel Zeitung 19 vom 11.05.2012 Seite 036

(4) Bier: Konsum sinkt erneut
aus www.lebensmittelzeitung.net vom 30.01.2012

(5) Rochade im Braugruppen-Ranking
aus Lebensmittel Zeitung 10 vom 09.03.2012 Seite 018

(6) Zuwächse beflügeln Prowein
aus Lebensmittel Zeitung 08 vom 24.02.2012 Seite 014

(7) Teurer deutscher Wein
aus Lebensmittel Zeitung 10 vom 09.03.2012 Seite 024

(8) Spirituosenbranche steigert Export
aus Lebensmittel Zeitung 22 vom 01.06.2012 Seite 017

(9) Bierdurst hat nachgelassen Getränkeabsatz stabil

aus Die Tabak Zeitung vom 01.06.2012, Nr. 022/2012

(10) Süße Träume
aus Lebensmittel Zeitung 14 vom 05.04.2012 Seite 037

(11) Berentzen hat das Ausland im Visier
aus Lebensmittel Zeitung 12 vom 23.03.2012 Seite 018

(12) Verstärkter Fokus auf Afri-Cola
aus Lebensmittel Zeitung 19 vom 11.05.2012 Seite 012

Impressum

Getränkeherstellung - relative Stabilität hält Einzug

Bibliografische Information der deutschen Nationalbibliothek

Die Deutsche Nationalbibliothek verzeichnet diese Publikation in der deutschen Nationalbibliografie; detaillierte bibliografische Daten sind im Internet über http://dnb.d-nb.de abrufbar.

ISBN: 978-3-7379-2507-5

© 2015 GBI-Genios Deutsche Wirtschaftsdatenbank GmbH, Freischützstraße 96, 81927 München, www.genios.de

Alle Rechte vorbehalten. Dieses Werk ist einschließlich aller seiner Teile – z.B. Texte, Tabellen und Grafiken - urheberrechtlich geschützt. Jede Verwertung außerhalb der Grenzen des Urheberrechtsgesetzes bedarf der vorherigen Zustimmung des Verlags. Dies gilt insbesondere auch für auszugsweise Nachdrucke, fotomechanische Vervielfältigungen (Fotokopie/Mikroskopie), Übersetzungen, Auswertungen durch Datenbanken oder ähnliche Einrichtungen und die Einspeicherung und Verarbeitung in elektronischen Systemen.